AF099362

# AKA Louis

## Masques & Géométrisme/s

**Abstraction/s &, Parallélisme,
Entre L'Orient & L'Art,
Premier**

© 2020, AKA Louis
© *Silent N' Wise / Silencieux X Sage*
Couverture, Textes et Artwork
Par AKA Louis
Éditeur : BOD – Books on Demand,
12 – 14 rond-point des Champs Élysées,
75008 Paris
Impression: BOD - Books on Demand,
Norderstedt, Allemagne

ISBN: 9782322221806

Dépôt Légal: Mai 2020

Non, Je Ne_
Sacrifierai_ Pas
Cette Colombe...

Non, Je Ne
Tendrai_ Pas
L'Autre_ Joue_ Une
Fois_ de Plus...

'AKA'

> Ce Livre N'Incite Pas, à L'Égarement.
>
> Ce Livre N'Encourage, Pas,
> d'Attitudes, Dangereuses, Mais Prône,
> La Quête de Soi,
> Et Le Salut Personnel, Et,
> Fraternel...
> Ainsi, que L'Art de Vivre,
> Et L'Amour du Prochain.
>
> /Louis AKA/

Les Noms_ Premiers_
Les Nombres_ Premiers_
*N'Ont_ Point_ d'Ombres/*

/// L'Aube_ Est de, Lettres.

'AKA'

Dans L'Espace_
Jaillissent_
_ Les Lettres_ X, Les
Chiffres_ *des_Origines* / / /

'AKA'

# Table des Matières

## I/ PREAMBULE

1/ Masques & Géométrisme/s /11
2/ Africanisme/s /Orient & Arabisme/s /13
3/ Avertissement/s /15
4/ A Propos de Style /17
5/ Résumé de cet Opus /18
6/ La Ponctuation Dans Le Texte /19
7/ Notes de Lecture /20

## II/ TEXTES POETIQUES

1/ Masques & Géométrisme/s /25
2/ Les Mathématiques Artistiques /107

## III/ BIO X INFOS

1/ Bio /119
2/ Contact x Liens /121
3/ Ouvrages de L'Auteur /122
4/ Audio x Vidéos /124
5/ Conseils de Lecture/1 & 2 /126&127

Je Ne Confonds_
Pas_ L'Interdit_
X, La Bonne Foi...

... Je_ Sais_
ce qu'Il ne Faut_
Pas Faire_

'AKA'

Tiens_ Toi, à
Distance_ de Ceux_
Qui te_ Demandent_
*Si_ Tu_ Connais_
L'Afrique...* ...

'AKA'

# Pré/Ambule/
## Avant Propos/ Notes/ & Avertissement/s

La Vraie_ Science_
Ne_ Réside_
Pas_

Dans La Preuve_

Mais_ Dans
L'Inexistence.

'AKA'

Quand_ On Cherche_
L'Afrique_
On_ *Ne, La Trouve_
Jamais...*

'AKA'

# 1/ Masques & Géométrisme/s

La Dimension Mathématique
Et Géométrique *des Masques*
*Africains,*

N'Est Pas Scientifique,
Au Sens Théorique, *Mais Relève,*
*de La Pratique, de L'Art,*

Au Même Sens de L' Exécution,
Du Nombre d'Or dans Les Tableaux,
de Peinture...
Elle Exprime L'Harmonie du,
Monde, Ni, Plus, Ni Moins...

*C'Est Un Point de Vue, de*
*L'Âme, et du Cœur, que d'Y Croire,*
*Et Cette Croyance N'A Pas, de*
*Preuve En Dehors de L'OEuvre,*
*Artistique...*

... Les Traits, de Scarification/s,
Dont Ils Sont Marqués,
Sont Une Équation, Impossible,
à Résoudre,
*Sinon, Par La, Reconnaissance,*
*Du Tragique,*
*Comme, Épreuve Commune, A*
*Toute L'Humanité.* Les, Éléments, de Sagesse,
Géométrique, Algébrique,

Mathématique, Et, Numérologique,
Sont Commun, *à Toutes, Les Cultures, Car,*
*Inspiré, Par La Nature Même de L'Être...*

On Les Retrouve, Sous Différentes,
Formes, Théoriques, Élaborées,
Implicites, *Ou, Voilées, Dans des Arts,*
*Où, La Spéculation N'A pas Lieu d'Être,*
*Pour Cause de Pratique Pure.*
De La Science des Lettres,
Jaillit, Toutes Les Mathématiques,
Leur Philosophie, Et,
La Culture de Discipline, qui Va
Avec... *Sans Pour Autant*
*Qu'Il Soit Question de Nombre/s,*
*Nécessairement...*

Les Lettres, Cernent, L'Invisible,
des Mathématiques.
*Les Mathématiques Invisibles,*
Avouent Flirter Avec L'Innommable, Puis,
s'Avouent, Vaincus...
*Les Lettres, Nomment, Par La Poésie.*
La Poésie, *Évoque Le Réel.*

La Poésie, Est L'Art, Et Sa,
Pratique...
Le Poète Est Un Artiste.

*Tout Art, A Une Dimension,*
*Lyrique,* de Poésie,
Ou Vision Interne, Sans Formes....

## 2/ Africanisme/s /Orient & Arabisme/s

L'Islam Et Le Judaïsme, Ne Sont
Pas Autre Chose que Deux Formes
d'*Africanisme/s,* Même Déconnectés
de La Couleur *Noire,* de La
Philosophie, et du Vécu qui Lui
Sont Liés... De La Même Manière,
La Tradition Négro Africaine, N'Est
Pas Autre Chose qu'*Une Certaine Forme
d'Arabisme,* Même *Radicalement* Incomprise.

Que Cet *Africanisme,* Même, Insolite,
Étrange, *Illégitime,* Ou Avorté,
Soit Une Évidence, N'A Point Besoin,
d'Être Souligné...

Trop de Questions, Stratégiques,
De Cultures, Et d'Humanisme, Sont,
Liées à *L'Afrique,* Même Sans que L'On,
Puisse Dire, qu'Elle Soit Au
Centre de Tout...
Car *L'Afro/Asiatisme,* N'A pas Jailli,
Par Hasard, Mais Pour Mettre Fin,
à *Une Origine Africaine,* qui Reste à
Démontrer...
Si des Questions Clés, à L'Histoire,
*Telle que La Stabilité Au Moyen Orient,*
Sont Liées, Même Très Indirectement,
à La Notion *d'Africanisme,*

Il Va de Soi, que La Difficulté
à Comprendre, ce Que Le Mot *Afrique*
Veut Dire, Démontre Une Incohérence,
Dangereuse, qui Incline à La Perdition...

De Là à Dire que *L'Afrique,*
Est Un Summum, Ou Un Absolu,
En Terme de Référence/s, Il N'Y a qu'Un
Pas que Nous ne Franchirons Pas...
En, Effet, ce Dernier Point, Pose
*La Question de L'Historicité de La
Religion, Ainsi que du Réalisme, et
De La Dimension Concrète de La Divinité,*
En des Termes, Qui Ne Peuvent Mener
Qu'Au/x Désastre/s... Et *Aux Bains de Sang.*
En d'Autres Termes *La Question Africaine* Pose
La Question du Mensonge, des Origines
de L'Humanité, *Et de La Quête Effrénée, d'Une
Vérité qui N'A Pas de Sens...
Et qui se Perd Dans Le Vide...*

*Les Origines N'Ont pas de Sens, Et,
Elles, N'Ont pas de Fin/s...
Aucune Culture, N'Est Totalement,
à L'Origine d'Une Autre...*
Et Nul Ne Peut Véritablement,
Connaître Les Origines d'Une Culture.
... Les Poètes, Les Artistes, Les Derviches,
Sont *des Créateurs de Cultures,*
Qu'Il Définissent, En Silence/s, Par La,
Pratique de Leur Art/s, Et de Celle de La,
Calligraphie, Comme Évocation du *Vide, Originel,
Sans Origines...* Toujours Prêt *à Interpeller.*

# 3/ Avertissement/s

La Thématique, de L'Art Premier, *N'Est Pas,*
*Excessivement Creusée dans Le Livre,*
Mais Elle, En, Est, *Bien Une Source d'Inspiration,*
Importante...

Aux Temps PréIslamiques, La Mecque,
Était Un Lieu d'Idoles,
Et L'On Dit que La Kaaba, En,
Comptait 360...

*La, Couverture de Notre, Livre,*
*Représente, Un Masque, Et Un Oiseau,*
*L'Un, Étant Un Authentique, Masque,*
*Africain, L'Autre Étant Un Objet s'Inspirant,*
*de L'Art, Premier...*

L'Art Premier N'Est Évidemment, Pas,
*Uniquement, Une Question Africaine.*
L'Océanie, L'Amérique du Sud,
Et Amérindienne, En, Générale,
L'Asie, Et L'Europe, Dans Une Certaine,
Mesure,
*Ont Produit des OEuvres Énigmatiques,*
Dans ce Domaine...

Cet Art, Génial, Géométrique,
Stoïque, Et Artistiquement,
Mathématique,
Suscite Peur, Et Fascination, Chez Tout Ceux
Qui, Le Contemplent,

Des Artistes, de L'Ère Moderne,
En Quête d'Inspiration Pour Une Révolution
Artistique, Contemporaine,
Comme,
des Curieux, Et des Chercheurs,
Ou Passionnés...

L'Intérêt, d'Evoquer, Ces OEuvres,
Au Delà de La Question, de Leur Prétendu,
Ou, Avéré, Obscurantisme,
Est de Décoder Sans Calculs,
Leur Message, de Lumière, Par,
Par Le, Parallélisme Circulaire Abscons,
de L'Unicité de La Réalité Suprême.
Cette Approche, Relève des Sciences Humaines,
Et de L'Art, Et du Sacré, Aussi, Notamment ;
*Mais pas de La Religion, Même Si, Les
Corrélations, Nous Invitent à Réfléchir,
Sur Le Plan des Principes, Et des OEuvres,*
Essentiellement, Pour Une Plus, Grande,
Appréhension, de L'Humanisme.
*Ce Livre A, Été Écrit Dans L'État d'Esprit,
des Fondements Humains,* d'Une Foi,
Orthodoxe, Et des Meilleures Intentions Saines.
Mais Le Quotidien de La Guerre Spirituelle,
Pour Le Droit à La Survie, Par La, Pratique,
de La Culture, de L'Art, Et de La Poésie,
Nous Amène à Témoigner des Choses Vues, Et
Sues, Pour Plus de Clarté,
Et Moins d'Ignorance/s...
La Notion de *Réel,* Résous, *La Question, de
L'Absence Ou de La Présence de La Divinité.*

## 4/ A Propos de Style

La Thématique de L'Ivresse, N'Est pas
Majeure Dans ce Livre, Mais cet Opus,
s'Inscrit Dans La Ligne Poétique,
De Nous Meilleurs Ouvrages, *Et de Leurs
Sources d'Inspiration Générales.*

La Dimension Allégorique et
Métaphorique des Textes des Poètes Orientaux, Est
Faite Pour Éveiller la Jeunesse, et Lui Permettre de
Trouver Un Espoir et Une Issue. Derrière la Façade
des Plaisirs, et de La Licence, Apparentes
Seulement, ce Sont Les Plus Grands Thèmes, et Les
Tensions Existentielles Les Plus Épineuses, Qui
Sont Évoquées Et Résolues par Le Langage de
L'Âme.

Sans Pouvoir Atteindre l'Intensité et La Noblesse de
ces Lettres Poétiques, Nous Avons Choisi à Travers
Nos OEuvres, Le But de Perpétuer Un Certain État
d'Esprit, en l'Actualisant Avec l'Ère Moderne et le
Style Contemporain. Les Fondamentaux du
Langage soutenu Sont Là, Mais la Fantaisie, N'est
Pas Absente... La Poésie N'Est Pas Seulement,
Une Discipline de Lettres, Mais Un Engagement de
Vie...

*(Dans ce Livre, La Question du Narrateur,
Reste Posée. Mais Ni L'Auteur, Ni Le Lecteur,
Ne Sont Obligés d'Y Répondre)*

# 5/ Résumé de cet Opus

Le Monde Est Plein d'Idoles,
Mais Le Cœur Doit En Être,
Exempt...
Pour Voir Clair, Il faut,
Ressentir Avec Son Âme...

A Travers 63 Textes, Poétiques,
Et Un Texte Thématique,
AKA Louis, Nous Met Au/x Parfum/s,
De La Quête de Clarté, du Refuge,
Intérieur, qui Bannit L'Idolâtrie,
Mais, Permet La Poésie, La Beauté,
Et L'Art. Par La Pratique, de La
Calligraphie, En ses Repères, Et
Hauteurs, Invisibles, Et Un Soupçon,
d'Ivresse de Versets. Masques &
Géométrisme/s, Au Delà de L'Art,
Premier, Est Un Hommage à L'Orient
Salutaire, X, Salvateur...

AKA Louis Est Poète & Illustrateur,
Auteur de Nombreux Opus Sur
Différents Médias.
Parmi Les Autres Ouvrages
Majeurs de L'Auteur, Sont Les
Écrits/: 'ô, Rose Noire d'Iran',
'Le Disciple de La Colombe',
'La Proclamation du Raisin',
'L'Origine du Martyr',
Et 'La Coupe de Vin & L'Arabisme'.

# 6/ La Ponctuation Dans Le Texte

Virgule/, : Une virgule marque un léger temps d'arrêt. Idem pour une coupure : (…)
Points de suspension/ … : Les points de suspension marquent environ deux temps d'arrêt et de silence. Doubles points de suspension/ … … : Deux groupes de points de suspension marquent environ quatre temps soit une mesure d'arrêt.
Saut de ligne : Un saut de ligne marque une pause, bien sentie. Un saut de deux lignes marque une double pause, bien sentie. Un grand tiret/ _ : Un grand tiret marque une pause subtile, avec appui sur la dernière syllabe. Retour à la ligne : Un retour à la ligne marque un rejet d'un mot, mis en valeur au début du vers suivant, avec un appui sur la fin du vers précédent. X ou x : Un « x » signifie « et ».
Tempo : La durée des temps d'arrêt ou de silence se détermine par rapport au tempo de la lecture. Ce tempo est celui d'une lecture « normale ». Elle est plutôt vive et rapide, mais laisse place aux mots. //
La rythmique des textes n'est pas toujours évidente, mais elle est bel et bien présente. Le Lecteur doit retrouver la dimension verbale, et musicale poétique, et accéder ainsi à la Signification Interne.

Ces éléments de ponctuation ne sont que des indications. Leur utilisation relève parfois, aussi, de l'esthétique. L'emploi inhabituel des majuscules est pure Licence Poétique, et ne doit pas dérouter le Lecteur.

# 7/ Notes de Lecture

Ce Livre, Est Court, Et La Thématique,
Invite à Éviter Les Développement, Trop Longs.

L'Évocation, d'Éléments Propres, Aux
Cultures Urbaines Afro/Américaines,
N'Est Pas Un Parasitage, de
Leur Dimension Éducative,
Et Salutaire, Pour Les Prisonniers,
de L'Enfer, des Métropoles...

Nous Devons Tous faire face, Au Mal,
A L'Inconnu, à L'Énigmatique, à
L'Insoluble,

Et, Aux Épreuves, Parfois, Difficiles,
A Comprendre...

*L'Éducation Est Amour.*
Et Il faut Continuer de Vivre,
Et de Pratiquer, L'Art de Vivre, Et,
La Culture, *Et de Méditer*
*Les Versets, Et Les Prières,*
*Dans Une Optique, Et Une Démarche,*
*Des Plus Salvatrices...*

L'Art & La Poésie, *Invitent, à Éprouver,*
*Le Réel...*
Et Le Réel, Ne Peut Être *Approcher,*
*Sans Sens Profond du Salut,*
Nécessaire, Au Sans Salut Et Aux Égarés...

Qui N'Ont Pas à Compromettre Leur Honnêteté,
Pour Trouver Une Issue...

Ce Livre, Contient, Comme à L'Accoutumée,
Des, Provocations Poétiques,
de Différents Ordres...
... Mais Nos Intentions, Sont, Toujours
Positives,
Et Nous Prenons Grand Soin, de Rester,
Dans Le Bon Sens...

Les Thématiques, Sont,
Travaillées, de Manière,
Très Poétiques...
Et, Il faut Méditer, Avec Recul,
Pour En Tirer Parti, de La Meilleure
Façon, Possible...

L'Orient, Dans Tout Nos Livres, Est Un,
Orient Intérieur, Refuge de L'Âme...
Il Peut Également Être, Psychologique,
Ou, Être Lié, à des Questions Plus Concrètes...

*Ce Livre,* N'Est pas Un Ouvrage, qui,
Evoque,
Les Mathématiques de Manière Habituelle,
Ou Théorique.
*Il s'Agit d'Une Vision Artistique & Poétique,
des Nombres, Où, Une Certaine Conception des
Lettres Dominent...*

Les Considérations Sont Très Générales,
Et Ne Rentrent Pas, dans Le Détail...

Cet Opus, Contient, Également, de Nombreuses,
Licences Grammaticales, Orthographiques,
Et Poétiques...
Il Arrive que des Coquilles se Glissent,
Dans Nos OEuvres, Mais Nous,
Veillons à Une Cohérence, d'Ensemble.

Des Conseils de Lectures Sont Disponibles,
En Dernière Partie, Pour ce qui Concerne,
Nos Meilleurs Ouvrages.
*Nous Invitons Nos Lecteurs à Faire, des Recherches* Sur Les Thématiques,
*Présentes Dans Nos Livres, Avec,
Toute La Distance* Et *La Rigueur*
qui s'Imposent.
Nous Vous Souhaitons à Tous, Une
Bonne Lecture, Et Un Voyage Positif, Et,
Intéressant... ...

#Livre #Poesie #Orient #Afrique
#Asie #Europe #AmeriqueDuSud
#Religion #Égarement #Recherches #Quete
#ArtsPremiers #Statuette #Idoles #Art
#Reflexion #Geometrie #Mathematiques
#RefugeInterieur #Sacre #Univers
#Monothéisme #Reel #Realite #Orient #Asie
#Questionnement #Voie #Chemin
#Salut #Horizons #Perspectives #Iconoclasme
#Iconoclaste #Vertu #Meditations

# Masques & Géométrisme/s
## 189 Textes Poétiques

Les Colombes_
s'Envolent_
A_
L'Approche_ du_
Crépuscule...

'AKA'

Laisse, La Colombe,
s'Envoler...

...

'AKA'

1.

Je_ Bois_ du
Vin_
Pour Vaincre_ Les,
Idoles...

Je Suscite_
L'Ivresse_ Pour_
Effacer_
Les Impiétés...

Le_ Tapis
Empourpré_

A_ Vu_ Tant_

De Prosternations_

D'Humilité/s_

_ Que_ Les Fleurs_
Y_ Sont Bénies_
Sous_
Formes_ de Corolles_
D'Arabesques...

'AKA'

2.

Comme_ Un_
Bois_ d'Ébène_
Perdu_

A Travers_ Flots_
X, Marées...

Comme_ Un Bois_
Fleuri_
Tranché_
D'Où_ Jaillit_
Une Sève_ Blanche_

J'Aspire_ A_
L'Oubli_

Puis_ A, La_
Reconnaissance_

Des Douleurs_

Dans L'Essence_

Comme_ Dans_
Les_ Calculs_
De_
L'Innommable/s...

Perverti/s_

3.

La_ Part_
Des Lettres_
Est_
Un Tracé_
Géométrique...

Les Traits_ du,
Masques_

Sont_ Une,
Écriture_ Obscure

_ De Clarté_

Ignorée_

_ Terrible_

X_ Tragique_

De_ L'Art_ d'Aimer_
Par_ Don_
De Soi_ Par Soi_
Même...

En_ Victime_ de_
Crime_
Insoluble... ...

'AKA'

## 4.

Il_ Vaut Mieux,
Pardonner_
Que_
D'Adorer_ Son,
Ennemi...

Il_ Vaut_ Mieux_
Palabrer_

Que_ d'Être_
Mauvais_
Poète...

... Par_ L'Art_
Imprévu_

X_ Indocile_

De L'Être_

*Néantisé / / /*

*La_ Corolle_ Pourpre*

A_ Autant_ de Limbes_
Prêtes_
A Exhaler_ Un Parfum/s

Qu'Il_ N'Y_ A_ de
Lettres_ Qui_
Tournoient_
Dans L'Abscons_

'AKA'

5.

Cerné_ Par_
Les Limites_
De_
Mon_ Tapis_ de
Prière...

_ Je Distingue_
Le_ Cercle_
Des Idoles_ de
Celui des 361_

Degrés_ De
Connaissance...

La_ Vraie, Science_

Ne_ Réside_ Point_
Dans La Preuve_
Mais Dans L'Inexistant

Je_ me, Tourne_
Vers_ Mon Cœur_
X, N'Y_

Trouvant_ Pas_
De Réponse__

J'Honore_ *La_*
*Qibla_ Suprême_*
Sous La Forme_ d'Une_
Rosacée/s_
Flamboyante_ d'Aurore/s
X_ de Parfum/s...

'AKA'

## 6.

J'_Ai Un Pays_
Mais_
Il, N'Existe_ Pas

A_ L'Horizon_
Des Origines_ Tant,
Trahies...

On_ Pense_ qu'Il,
Est Bon_
De Rire_ d'Être
Aimé...

Jusqu'A_ ce_
Que_ L'On_
Contemple_

Les, Origines_
De L'Existence_
Du Pire...

X, de Ses_
Labyrinthes... ...

'AKA'

7.

J'_ Ai_ Écouté_
Les Versets_
Des, Chevaliers_
Issus_ Du Ghetto...

X, J'_ En, Ai_
Conclu_ que_
5% d'Enseignants_

Pauvres_ & Droits_

Sont_ Là_ Pour,
Éclairer_ Les_
Autres_

Qu'Attends_ Tu_
Pour_ Exalter_
La Vertu_
X,
Opérer_ Par,
Raffinement_ Par_
Delà_ Le Mal... ...?

'AKA'

8.

Au Delà des
Masques_
Scarifiés_
Dans Le Bois_
D'Ébène...

X, A Travers_
Des Essences_
De Géométrie_

J'Entrevois_

*Des Visages_*
*Qui se Meuvent_*

Dans Le Temps_
x Dans L'Espace

*Sans Ne*
*Jamais_ Rien*
Dire_ des
Origines_
Oubliées...

'AKA'

## 9.

Par_
Les_ Balafres_ En,
Bais_

... X, Scarifications_
Sur_ Visages_
D'Or/s...

Parcourant_
Les_ Dunes_

Voilé/s_ Par_
Étoffes_ X, Textiles
De Couleur/s_

Contemplant_
Les, Civilisations_

Naître_ X,
Disparaître_

Sans,
Que_ Personne_
*N'En, Sache_ Rien///*.

Pourquoi_ Crois_
Tu_ Encore_
En_ L'Existence_ des
Mondes X Univers...???

10.

Pierres_ X,
Monolythes_

Joyaux_ X,
Doreries_ d'Orfèvre

Arabesques_
d'Étoffes_ Blanches

Auréolent_ Une_
Direction_

Quand_ Un, Passé_
X, Un Futurisme_
Se_ Rencontrent...

... En_ Djihad_
Intersidéral...

De_ L'Ère_
Médiévale, Futuristique

_ Je_ me, Déplace_
En Orbite/s_ de_
Mondes_ Clos...

Et d'Univers_
Incompréhensibles...

*[Etourdi_ D'Essence/s_
De Nard/s_ X, de Parfum/s
De Musc/s... ....!]*

'AKA'

11.

Combien_ de_
Pierres_
Sur_ Le, Chemin_
De, La, Quête...

Combien_ de_
Flaques_ d'Huile_
Parfumée/s_
Déversée/s...

Avant d'Apprendre,
A Honorer__
Humblement...
L'Unique,
En Son Sein_?

360, Idoles_
X_ La Révolution_

Devient_

Circumambulation_

Sans_ Médire_

L'Un_ X, Le Pur_

Jaillissant/s_ de
Nul_ Part_

'AKA'

12.

'AKA'_ Car,
Ancêtre_

L'Arme_ du_
Poète_
Blâmé...

Est, Le Verset_
Solitaire_

En_ Polyphonie/s_
De_ Style/s...

Comme_ Un_ Shath_
Une_ Chatterie_
Châtoyante...

*Un Sabre_*

Qui_ Conquis_
L'Ondoyante_ Lune_

Régnant_ Sur_
Les Dunes_

Par_ Delà_ Le,
Qu'En-Dira-T-On...

'AKA'

13.

Les_ Marges_ de
La_
Prière_
Empourprée_ de
Fleurs_

Procurent_
L'Ivresse_ des
Danse/s_ X,
Mélodies_
Du_ Certain_

Indécis_
Taquin_
Prodige_

D'Avoir_ Vu_
Sans_ Avoir_ Cru_

Fils_ du Néant_

Imam_ du Clos_

Je_ Ne Tolère_
Pas_
Le Mal...

De 360_ Je,
Passe_ A_ L'Unicité_
Du Zéro...

14.

Je_ Suis_
L'Imam_
Des_ Flots_ Pourpres_

X_ des Corolles_
De_ Fleurs_
D'Ivresse/s_

De Prosternation.

... La_ Psalmodie_

Des Noms_ X, Versets

Mérite_

L'Action_ d'Humanité_
En_
Pèlerinage/s...

... L'Arabisme_
Est_ Une_ Réalité_

... Je_ Suis_ Arabe_
Devant_ *Dieu*_

X_ *Dieu*_ Est_ Né,
d'Une_
_ Tragédie...

J'Absous_ Par_
L'Absurde_

Avec_ La,
Poésie_ Comme_ Salut_

Impeccablement, Prude.

'AKA'

## 15.

L'Existence_
de_ *Dieu_*
N'Est Jamais_
Démontrée...

C'Est_ La,
Foi_ qui Compte

C'Est_ Le Tapis_
Qui_ Cerne_

Les Gestes_
X Prosternation_

Après_ Ablution/s_
A_ L'Aube/s...

Même_ Les_
Astres_ s'Inclinent_

Même_ Les_ Corolles_
s'Arabesquent...

En_ Calligraphie/s_
De Lettres_ X, de Versets.

'AKA'

16.

Je_ Ne, Veux_
Pas_
Des_ Larmes_ de
Sang_

Je_ Veux_
L'Ivresse_ des_
Boutons_ de
Fleurs...

J'Opte_ Pour_
La_ Terreur_
Poétique_

De Voir_ La_
Beauté_
Éclose_

En_ Atypiques_
Versets_

X, Bonté_
De Cœur_ de L'Ivresse
Sûre...

'AKA'

17.

L'_ Un_
Détiens_ Une,
Pierre_
Blanche_

L'Autre_ Défend_
Une_ Pierre_ Noire...

Au_ Médian_
Des_
Leurres_
Terrorisés_
Par_ L'Art_

Se_ Tient_
L'Imam_ des Flots,
Empourprés_

Du_ Vin_ X, de
L'Ivresse_ de L'Espoir

Du_ Cœur_
Incliné_ X, Doux_

Du_ Chant_ Mélodieux,
Des Aurore/s...

Joliment/... ...

'AKA'

18.

Les_ Arabesques_
De_ Fleurs_
Sont Les_
Calligraphies_ Du
Néant_

Ivre_
Je Bois_ Encore_

X_ Soul_
Je Médite_ Un,
Verset/s_

Les Flots_ de
L'Aurore_ Déversant_

Astres_ En_ Parcelles_
X Rosée/s_

M'Inspirent_ A Être,
Libre...

*Ṭālib_* des Roseraies_ *X, des Jardins Purs_*

... Je_ me, Tourne_
Vers_ Mon Cœur_
X, Entrevois *La Qibla_*
Des_ Rossignols de L'Art/s_

## 19.

Face_ A, Un_
Horizon_
Sans_ Idoles...

Je_ me, Prosterne,
Devant_ L'Un/_
X, Stricte_
Voie_ du Néant...

360_ Statuettes_
De_ Désidératas_

Ne_ Laisse_ Pas,
De Doute/s_

Sur_ Le Pourpre_

De La_ Rose,
Noire_

Autour_ De Laquelle,
Virevoltent_
X_
Méditent_

Les_ Anges_ Vêtus_
De Blanc_
Qui_ Bénissent.

Une_
Fois Pour Toutes...

X, de Sérénité_
Encore///.

'AKA'

## 20.

Si_ Tu,
Es_
Le, Prophète,
*Je_*
*Suis L'Artiste///*

L'Art_ Ouvre_
Des Chemins_
Qui N'Ont_ Point
Encore_ Été_
Empruntés...

Les_ Fleurs_ Sont,
Jolies_ X,
Imprévisibles...

Je_ Bois_ du Vin_
*Car_*
*J'Affectionnne_*
*La_ Paix...*

X_ L'Unicité_ des
*Aube///s...*

'AKA'

21.

Par_ L'Art_ des
Tracé_
De_ Versets_

Par_ *L'Étalon_*
Géométrique_
De_
La_ Calligraphie

Perdu_ En, Ivresse

J'Entrevois_
Les_
Joyaux_ X Perles_
De Sens...

*Des Rivières_*
*Enivrantes_*
*De Méditations_*
*Salutaires...*

Je_ Bois_ du Vin,
Puis_
*Dieu_ me Renie...///*

Je_ Danse, Sans_ Fin_
*Puis_ Attise_*
Une_ Close_ Roseraie_
D'Aurore/s...

## 22.

Les_ Joyaux_ de,
Mon_ Cœur_
Ne_ Sont_
Pas_ Les Pierres_
De L'Antan...

*Ni_ Les_
Monolythes_*

*Sur Lesquels_
Ont_ Verse_ du_
Parfum/s_*

J'Entrevois_
En_
Jardins_

De, Roseraies_
De Corolles_ Écloses

*Une_ Qibla_ d'Oiseaux_
Drôles_*

*A_ La Robe_
Or/s_ X, Pourpre/s_*

'AKA'

23.

J'Ai_ Traversé_
Le_
Désert_ Entier_
Pour Trouver_
Le Temple_
De Mon_ Cœur_

Dans_ Le Temple_
De Mon Cœur_
Il_ N'Y_
A, Point d'Idoles...

Dans_ Le Temps_
360_ Était_
Le Nombre_ des_
Sourds_ X Muets_

Dans L'Essence/_
Des_ Anges_

Zéro_ Est Au Delà_
De Un_ X, de
Trois_ Sans Soi_
Intérieur...///

'AKA'

## 24.

Je_ Ne_
Suis_ Pas_
Une Idole...

On_ Ne me Voit_
Jamais_

Le_ Néant_
M'A_
Absout_ Par,
La_ Poésie...

Les_ Corolles_
M'Ont_
Rendu_ Ivre, X,
Pourpre...

*/ / / Si_ Je Prie_ Le,*
*Néant_*

Face_ Aux Dieux_
Sourds_ X Muets...

*C'Est_ que Je Sais_*
*Que_ Un_ Est_*
*Zéro_ Insécable_*

*X, Pur / / /...*

'AKA'

25.

J_'Associe_ Le,
Verre_ de
Vin_

A_ La_
Prosternation_

X_
Au_ Tapis_ Fleuri_
Orné,
D'Arabesques_

Dans Une Salle_
Si_ Close_
Sans Images_ Aux_
Murs_

J'Entrevois_ des
Mondes_

X_ des Univers_
Sans Fin/s_

ZigZaguant_
Dans_ Un Big Bang_
D'Aurore/s...///

'AKA'

## 26.

Entre_ Les_
Scarifications_
De_
Derviches_

X_ Les_ Danses_
Aux_
Aurores_ de
L'Égarement...

Je_ Dis_
*Que_ Le_ Père_*
*N'Est_ Pas_*

Je_ Dis_
Que_ La Terre_
Es_ Pure_

X_ que 63_
Est_ Un Nombre_

De Cataclysme/s_

En Révélation_
De Néant_
Très Prude/ X, Unique.

Je_ Prie_ Le,
Vent_
D'Être_ Pour_ Un,
Rien...

X, Bien///

'AKA'

27.

Par_ L'Amour_ du
Cœur_
Pur_

Exempt_ d'idolâtrie

Par_ La_ Coupe_
Très_
Douce_ de, Vin_
Grave_ X Rarissime_

_ Qui_ Boit_
N'A_ Jamais Raison_

Mais_ A Gain de
Cause...

Mieux_ Vaut_
Le_ Tourment_ d'Ivresse

Que_ Le_ Flot_
D'Hémoglobine_ Triste.

'AKA'

## 28.

Azur_ Bistre_
Ivoire_
Telle_ Saba_ Reine,
Sur_ Son_ Trone...

Versets_ du_
Taureau_

Où_ Est, *Donc_* Salomon_?

Y_ A_ T-il_
Un Temple_ de Clarté

Pour_ Bannir_ Les,
Idoles...

*Y_ A_ T-Il_
Une_ Perle_ du_
Châssis_ Orné_ Pour*

Éloigner_ Les_
Djinns...

... ...???

'AKA'

## 29.

Les_ Origines_
N'Existent_
Pas_
Plus_ que Le_
Temps qui Passe...

Le_ Cœur_ Médit_
Sur_
L'Ignorance_ qui_
Blesse...///

Le Temps_

D'Un Double_
Hégire_
Vers L'Est_
Vers_ L'Ouest...

Un Double_ Exode,

X, L'Écrit_
N'Existe_ Plus...

Qu'En_ Calligraphie_
Du_ Néant_ Prude///

'AKA'

30.

Les_ Repères_ du Tracé_
Des_ Lettres_

Montrent_ La,
Hauteur_

De_ L'Ivresse_ des
Écrits...

L'Alphabet_ Danse,
A_ Travers_
L'Estime...

La Bonté_ de_ Cœur_

Mène_ A L'Oubli,
Des_
Idoles...

361 N'Est_ qu'Un Zéro_
X_ Un Point...

'AKA'

31.

De_ La, Même_
Manière_
Que L'Eau_ Efface,
L'Encre_ des
Lettres_ Sur_ La,
Tablette...

L'Eau_ X, Les_
Lettres_
*Sont_ L'Encre...*

... L'Encre_ X, Les_
Lettres_
*Sont L'Eau_ / / /*

X, Je_ Psalmodie_
Encore_

Des_ Versets_ Purs/
De_ L'Aurore/s...

Pour_ que, Les_
Génies_
S'Eloignent_ de_
L'Horizon/s... ...

'AKA'

32.

Quand_ Un Homme,
N'_ A pas d'Enfant_
Il_ *N'Est_*
*Personne...*

*... Sans_ Ses Enfants_*
Il_ Cesse_
D'Exister...

Apprends_ La_
Sagesse_ d'Un Horizon_
Clair_

Pour_ faire_
Fleurir_
Le Cœur_

De_ Corollaires_
Sans_
Compromission.

Il_ Va_ de Soi_
Que C'Est_ ce que_
L'Art_ d'Aimer_
Veut Dire_

'AKA'

## 33.

J'_ Ai_ Tout_
Perdu_
C'Est_ Pour_ Cela,
Que_ J'Ecris_

Des Poèmes_ de_
Prestige/s_

D'Être_ Soul_
X_ de_
Danser, Encore...

De_ Voler_ Tel_
L'Oiseau_
En, Confins_ Éblouis

De me_ Recueillir_
En_ Mon

Cœur_ Corollé_
Sans_
Idole/s... ...

X, Pourpre...

'AKA'

34.

L'_ Oiseau_ Le,
Plus_
Sombre_ d'Aurore/s
*N'Est_ Pas_*
*Noir...*

Au_ Dernier_
Chant_ de,
L'Horizon_

Les_ Roses_ Sont_
Pourpres...

... Les_ Fleurs_ Sont,
Bénies_ *d'Histoires_*
*Drôles_*

X_ Basanées...

Le_ Jardin_ Est,
Corollé...

D'_ Amour_

Loin_ de Toute_
Blessures_
Intimes... ....///

X, de Larmes Prudes.

35.

Un_ Homme_
N'Est_ Rien_

Il_ Naît_

Il_ Idolâtre_

Puis, Il Meure.

_ Sois_ Un Cœur_

Puis_ L'Âme_
D'Un__ Oiseau_

Qui_ se Met_

A_ Voler...

Aux_ Confins_ des
Horizons_

Où_ ce qui N'Existe_
Pas_ A_ Un Parfum/s_
D'Aurore/s_
X_ d'Aube/s Claire/s.

'AKA'

## 36.

L'_ Amoureux_
Est_
Celui, qu Ne_
Veut Pas_
Choisir_

Alors_ Il_
Poursuit_ Son_
Chemin...

_ *Loin_ des Charmes_*
*X,*
*des Elixirs_*

Est_ La_ Potence_
Pour Avoir_
Défier_
Le_ Jugement_

_ Les_ Corolles_
De_ Fleurs_

Autour_ d'Un_
Souvenir_

La_ Clarté_ de L'Aube/
D'Un_ Pèlerinage_
Interne...

///

37.

Je_ Préfère_ Boire_
Du_ Vin_

Que_ de Voir_
Des_
Larmes_ X, Un Cœur,
Blessé...

Je_ Trace_ des
Fleurs_
Calligraphiées_
En_ Mon Cœur_

De_ Moments_
Durs_
X_ Doux_ de Peur
X Craintes...

J'Espère_ Encore,
Un_ Art_
Précis_

Pour Vaincre_
Un Nombre_

Par Le Nom_ de La,
Poésie...

'AKA'

38.

*On Ne Reconnaît
Pas_
Un Masque/ / /*

Mais Bien Un_
Visage_ Frappé/
Par
Le Soleil...

La Corolle
De
Merveille/s_

A Fait Fleurir
L'Horizon de L'Aube/s/

Très Loin Des
Idoles_

*Je Médite Sur
L'ivresse Poétique/ / /*


... ...

'AKA'

39.

Le_ Tracé_ de,
La_
Machette_

Qui_ Sculpte_
Le Bois_

*Nous_ Rappelle,
Les_ Principes_*

Mathématiques_
Abstrus_

X_ Géométriques,

Abscons_

Dont_ Les, Traits,
Du_ Masque_

*Sont_ Révélateur/s_*

X_ Voile/s_

Opaque/s_ des_

Origines_ Impossibles

X, de_ L'Errance,
Invivable///

*Ô, Songes_ Stoïques_*

'AKA'

40.

Par_ Les,
Songes_ Stoïques_

*Par_ Les_
Arabesques_ de
Glace/s///*

Par_ Les,
Vertus_
Calligraphiques_

Imprévisibles_

Qui_ Défient_

Le_ Nombre_ X,
L'Algèbre///

Je_ Vois_
Le_ Néant_ Abscons_

En, Horizon/s_ de,
Prunelles_

Paupières_
Closes_

Cachant_ Un, Monde_

En_ Éclosion_

*Jamais_ Vu/e///*

*_ Là_ Où, Le Compte_
N'A_ Pas de Sens///.*

'AKA'

41.

Le_ Désert_
Suscite_

La Foi...

La, Savane_
La_ Crainte_ de,
L'_ Imprévu... ...

Là_ Où Rien_
N'Existe_
Le_
Cœur_
Resplendit_

*Je_ Suis_*

*Adepte_ de,
Corolles_ de Dunes*

Ascète_ Par_ Le,
Vin_
X_ L'Ivresse_ Pure/

*Qui Bannit_ Les_
Idoles...///*

'AKA'

## 42.

Les_ Pluies_
De_
Pétales_ *De,*
*Fleurs_*
*Sont Le, Visage_*
*De L'Aurore/s...*

A_ Quand_ *La_*
*Grêle_*
*Des Soucis_ Brisés/???*

Les Idoles_ Détruites/
Par_ Le_
Sabre_ de L'Amoureux/

N'Ont_ que Faire_ du_
Pire_ d'Exister_

*Encore///*

Je_ Veux_ *Le, Néant_*
*Abscons_ X, Craint_* En, Icône_

*Suprême///*

Je_ Veux_ Le_ Tracé, Des Lettres_
Calligraphiques_
Pour_ *Graffitis_ de*
*L'Aube/s...///*

43.

5% de_
L'Humanité_ Pour,
Éclairer_
Les Autres...

*Sais_ Tu_ ce Que,
C'Est_
Que_ de Pratiquer_
Une, Religion...*
*???*

_ Cueillir_ Une,
Fleur_ Unique_ X,
N'En_
Pleurer_ qu'Une Seule,
Fois_

Médire_ Sur_
L'Amour_ L'Âme_ X,
Le_ Cœur_
Meurtri/s ///

Boire_ A_ La, Coupe_
Un_ Vin_
Exquis///

*Même_ Interdit_ X,*
*Affable / / /*

Tant Que_ Le_ Néant,
Est_ *Bon_ X,*
*Salutaire / / /*__

Médites_ X, Vis...!

'AKA'

44.

J'Ai_ Vu_
L'Afrique_ *X, Je_*
*L'Ai_*
*Combattue_*
*Jusqu'à_ ce_*
*Qu'Elle_ me Dise_*
*Qu'Elle_*
*N'Existe_ Pas...*

Tout_ Comme_
La_ Terre_ du 1er,
Homme_

*Qu'Il Fut_ Rouge_*
*De Glaise_*

*Ou_ Abscons_*
*De_ Négritude/s / / /*

/// Des_ Corolles_
De_ Fleurs_
Ont_ Jaillies_ Sans_
Question/s ///

*La_ Forêt_ Africaine/*
*A_ des Notions/*
*De Mystères...*

Aux_ *Ruisseaux_ X,*
*Rivières_*
*Aux Courants_ Alambiqués*

Je_ Préfère_ *L'Océan_*
*Magnifique_ de_ La,*
*Lumière_ de L'Absolu///*

'AKA'

45.

La_ Vache_
N'_ A_
Pas_ Voulu_
Périr_

*Elle_ Était_
Jeune_
Elle_ Etait,
Belle*

*Elle_ Était_
Sertie_
De_ La_ Lumière,*

*De_ La_ Lune_*

De_ La Savane_
Au_
Désert_
Du_ Désert_ Aux_
Vagues_ des Dunes_

Éteintes...

La Pasteur_
Cache_ La, Misère_
De_ Sa, Richesse...

*Ophir_ Afar_ Afurika...*

## 46.

*Par_ L'Art_ de,*
*La_*
*Guerre_ Contre_*
*Soi/Même_*

Et_ L'Art_ de,
Ne_ Pas_
Mettre_ Un, Homme_
Au_ Dessus_
D'Un_ Autre///

Je_ Suis_ Celui,
Qui s'Est_ Vu_
Lui/Même///

*Qui_ S'Est_ Vaincu_*
*Lui/Même///*

Je_ Ne_ Sais/
Plus_
Vraiment_
*Qui_ Je Suis/*

Sinon/ Celui_
Qui_ Sait_ Qu'Il_
Nait_ Puis_ N'Est Pas.

'AKA'

## 47.

*Face_ A, Ma_*
*Propre_ Image_*

*Je_ Ne_ me_*
*Suis_*
*Pas_ Vraiment_*
*Reconnu///*

Réelle_ Est, L'Âme_
Ivre_ Du_
Néant_

Au_ Delà_ des
Abstraction/s_ de
Formes_ X, de_
Géométrie...

*Tracé_ Dans_ Le_*
*Vide Sont_*
*Les Esquisses_ Du_*
*Silence///*

En_ *Lettres_*
*Calligraphiées_*
*D'Hauteurs/ X, de*
*Repères_ Pourpres/*

Le Calame_ Est Tranché/
Cisèlement_

La_ Poésie_ A, Vertu/
Salutaire
*En_ Absolu/ / /*

'AKA'

## 48.

Je_ Ne, Vais_
Pas Faire_
La_
Part_ des Origines/

J'_ Ai Trop Vu_
De Fleurs_

Pousser_ *Dans des
Contextes_
Difficiles/ / /*

J'Honore_ Le Cœur_

Qui Déploie_ Ses/
Ailes_

*Jusqu'Aux_ Horizons_
Suprêmes_ X, Intérieurs/ / /*

L'Aurore/s_ Est,
Pourpre/s_ X Or/s_
X, Veloutée/s_

L'Existence_ Du_ Doute_
Est_ Évanescente...

'AKA'

## 49.

Qui_ Juges-Tu_
Sous_
Son_ Vêtement_
De_
Derviche/s_
De Rue_

???

L'Art_ de La_
Poésie///

*Révèle_ Celui_ de,*
*La_ Prière///*

Ciselées_ Sont_
Les_
Arabesques_ de,
Doigté/s...

Qui_ Font_ de
La Harpe/

L'Envol_ Imprévu_
Des_
Papillons...

'AKA'

50.

Le_ Refuge_
De_
Mon_ Cœur_
Est,
Un Jardin_ de
Fleurs...

_ *Un_ Clos_*
*De Prière/ / /*

Une_ Fontaine_
De Paix_
*X, de Sérénité/ / /*

Je_ me, Suis_
Tourné_
Vers_ L'Asie_
En_
Quête_ de_
Direction/s_

Je_ me, Suis_
*Blanchement_*
Vêtu_
De Tissus_ X,
Étoffes_
Rappelant_ Le Lys/

///

51.

Ébène/s_ X, Stoïques_
Sont_
Les Masques_ Aux,
Traits_
Incernables...

En_ Larmes_
X_ d'Hémoglobine_
Jaillissante///
Est_ Le Corps_
Nègre/
Ou/
Négrifié///

*... Les Négroïsme/s_*

Ont_ Parcellé_
Des_
Univers_ de_ Traversée
De_ Souffrance/s...

*Le Poétisme...*

T'Invite_ à Songer_
Si Le *Noir_*
Est_ Ou_ N'Est_ Pas.

... ...

///

## 52.

Dans_ Le_
Carrefour_
De_
La, Misère///

X_ des_
Sanglots_
Étourdissant/s...

Qui_ Juge_ Le,
Comportement_

Hâtivement_

Ne_ s'En_ Remet_
Jamais_ à_
*L'Un///*

*X_ Unique_*

... Derrière_ Les,
Décors_ X,
Vêtements_

Est_ Un Temple_
*Où_*
*L'Iconoclasme_*
*Est_ Icône/s ///*

*Pure/s ///*

Et Où/
La_ Prudence_

Ne_
S'Estime_ Jamais_

Vaincue_

Pour De Rire_
*Moche_ X, Grotesque///*

'AKA'

53.

Ne Te Fie
Jamais à La Religion_ d'Autrui...

*Chacun Est Seul*
*A Savoir Qui Il Adore Dans Son*
*Cœur...*

Qui Il Implore...

De Qui Il Pleure_

_ *Le Souvenir...*

Songeant à Qui
Est L'Unique, A Ses Yeux...

*Je Bois Du Vin_*
*A La Face De*
*L'Imprévu, Docile x Traître...*

Puis Pose Mon Front
Sur Un Tapis *de*
*Vertu/s///* Rouge/s...

Ne Provoque Pas
La Corolle du Courroux, *Débonnaire///*
*/// La Liqueur Redoutée*
A Fait Éclore des Roses...

'AKA'

54.

Nul_ Ne_
Connaît_
*La_*
*Religion_*
*Des Autres / / /*

Nul_ Ne,
Connaît, *Les Marques_*

*Laissées_*

*Par_ Les_ Génuflexions
De_ Prières...*

Telle_ Une_ Perle,
De_
L'Abscons_

La_ Prudence_ Invite,
*Au_ Devenir / / /*

Le_ Cœur_ Grandit_
Hors_ Saison/s ///

Les_ Ailes_ Se_
Déploient_
*Au_ Risque_ de Ne, Plus*

*Être / / / / / /*

## 55.

*As / Tu_*
*Trouvé_ La Voie_ ?*

Les Corolles_ de_
Jardins_ Fleuris_

Sur_ Les_
Chemins_ Imprévus_

Sont_ Toujours_
L'Occasion_ d'Un_
*Parfum_ de Prière / s / / /*

*La_*

*Méditation / / /*

*D'Un_* Paradis_ Perdu_

N'Occasionne_ Pas,
Forcément_ *La Chute_*
*Des Soucis / / /*

Il_ Faut_ Vivre_ X, Vivre /
Encore ///

*Il_ Faut_ Être_ Ivre /*
*Et se Promener_ En, Écrin / s / / /*

*/ / /*

56.

Je N'Invoque_ Pas_
L'Ébène_
*Pour_ des Tourments_*
*De_ Fleurs///*

Je N'Invoque_ Pas_
Les Arbres_
*Pour_ des Buissons_*
*Jolis///*

*Je_ Vis_ Sans_*
Prison/s_ des Couleurs_

Sans_ Idoles_
De Trompeuses/ Visions...

La Part_ *d'Ombres_*
*Dans_ Les Tons_ X_*
*Tonalités_ d'Indécence/s ///*

*Délivre_ de* L'Idolâtrie_
*Du_ Certain_*
D'Être_

Acquis_

Au/x_ Patch/Work/s_ *du_*
*Tourbillon///*
*/// Sans Amour du Prochain/*
_ X, Main Tendue...

## 57.

Africain_ *Pour_ Les,*
*Uns_* Mais _ *Pas_*
*Pour_ Les Autres / / /*

La Voie_ de, La_
Libération_

*Mène_ Aux_ Confins_*
*De_ Nul_ Part / / /*

Par_ La_ Coupe_
De Jus_

*Par_ La Calebasse_*
*Éclaboussante /*
*De_ Sève / / /*

Je Veux_ me_ Perdre,
Dans_ Le, Néant_ d'_
Origines///

Jusqu'_ A, Ne_ Plus_
Rien_ Penser_ du Tout.

*///*

'AKA'

## 58.

Je_ Vous_
Respecte_ Tels, que Vous
Êtes...

*Ne_ Chercher_ Pas, à Savoir
Qui_ Je Suis_*

... Je_ Suis_ de
L'_ Estime_ de Ceux_
Qui_ Ont, Combattu_
Ensemble...

Le_ Sabre_ Est, Courbé_

X_ La Lune_
Est_
Exquise...

*Elle_ Règne_ Sur_ Les,
Dunes/ / /*

Iconoclastes_ du Désert/

Il faut_ Un, Peu_ de
Couleur/s_

Pour_ Embellir_
La_ Beauté_ de L'Aube/s_

'AKA'

## 59.

Il_ Faut_ Un,
Cœur_
Pour_
Comprendre...

Il_ N'Y_ A,
Point_ d'Idoles_
Dans, Mon_
Cœur_

Il Faut_ Une,
Heure_ Pour_
Ressentir///

Les Délices_ X,
Senteurs_ de
Presqu'Iles///

L'Arabie_ Est, Une_
Terre_
De_ Dunes///

La_ Lune_ A, des_
Styles_
D'Extases///

La_ Sentence_ Est, de
Dire_ Complice...

Quelques_ Mots_
Ciselés_
Sur_ Tapis///

'AKA'

## 60.

Je_ Compte_ *Les,*
*Perles_*
*Sans_ Fin/s ///*

Je_ Passe_ des,
Degrés_
Au_ Cercle_
Sans/ Circonférence

De 360 à 361

*Où_ Sont_ Donc,*
*Passées_*
*Les Idoles///*

X/ Où_ *La Vision/*
*Des Icônes_*
*Commence-T-Elle...?*

Par_ Delà_
Les_ Limites_ du
Sens...

*Il_ faut_ Perpétuer,*
*La_ Vie///*

Il_ N'Y_ Rien_
Au_ Delà de
La_
Fleur...

*Sinon/ Un_ Peu, de*
*Rosée_ X d'Aube/s ///*


*[Zéro + Zéro = Zéro] ///*

'AKA'

## 61.

Au_ Cercle_
*Du_*
*Vide_ des Temps_*
*Sans Fin_*

Je_ Médite_
Sur_ *Les,*
*Dangers_ du Bord_*
*De La Falaise...*

D'Une_ Vie_ de
Dignité_

De Crainte_
X_
De_ Folie/s...

A_ Peine_ Restées_
Sur_ *L'Iris_*
*X_ Lèvres_*
*Des_ Juges_ des*
*Villes///*

Assis_ Sous_ Une,
Tente_
*Au_ Milieu_ du,*
*Désert / / /*

Ivre_ de Feuilles_
*Infusées_*
*En_ Boisson_ Chaude / / /*

Je_ Lave_ Mes_
Gestes_ *dans_ Un,* Peu_
*D'Eau_ Fraîche...*

X, Glorifie_ *Le,*
*Néant_*
*Comme_ Icône_ Suprême /*
*X_ Ineffable / / /*

Prosterné_ A_ Terre /

*X / Ivre / de Silence / s / / /*

'AKA'

62.

I/

Entre_ 360 &
361_

Il_ faut_ *Bien_
Choisir_
Son_ Devoir/ / /*

Le_ Plan_ d'Horizon_
Du Vide_
*Est_
Plein_ de Détails_
Inexistants/ / /*

La_ Fleur_
Est_
Compte_

De Pétales_ Doux_
A_
L'Infini///

*Le_ Tapis_ En,
Est_
Orné/ / /*

Sous_ Formes_
D'Arabesques_ Closes.

*Le_ Néant_ Brûle_
En_
Corolles///*

'AKA'

II/

Ma_ Poésie_
*S'Enflamme_ de_
Fleurs///*

La_ *Rosée_
Innonde_ de_
Lumière///*

*Les_ Corolles_
Sont_
D'Aurore/s_ Pure/s ///*

'AKA'

63.

On_ N'A_ Jamais_
Vu_ *Dieu_*
Mais *On_ A, Vu_*
*L'Homme_*

On_ Courre_ *Après_*
*Une_ Fleur_*
*qu'On_*
*A_ Jamais_ Vue///*

*Les Icônes_*
*Sont_*
*Du Désert_*
*_ de L'Eau_ X, de*
*Sable/s ///*

*Rien_ N'Existe///*

'AKA'

# Les Mathématiques Artistiques/
## Texte Thématique/

*Je Scarifie_ Mes_*
Textes_
*Sur_ les Lignes_*
*Du_ Temps_*

... Les, Mathématiques_
Artistiques_
*N'Ont_ Pas Donné_*
*Leur_*
*Nom_* En_ Art/s_ Clos ///

'AKA'

*Les_ Chiffres_*
*Sont_*
*Indénombrables / / /*

Mais Pourtant_
Limités...

... Les Lettres_
*Calligraphiées_*
*Ne_ Sont_ pas_*
*Relatives_* mais Claires ///
*X Limpides / / /*

'AKA'

I/

Par_ la Science_
De_
L'Art_

X_ Les, *Mathématiques_
Artistiques/ / /*

La Psychologie_
des/ Horizons_ Purs

X/ des Yeux_ Clos/

Il_ N'Est d'Un_
Sans_
*Dieu / / /*

*Il_ N'Est_ de_
Zéro_*
Sans_ Al Khôl_

Le_ Trône_ de_ La,
Corolle_
Est_ Dunes_

X/ d'Une_ *Oasis_
Est_
Né_*
*Le Désertique/ / / / / /*

## II/

Comme_ *Un Poisson_*
*Dans_*
*Un Lagon/ / /*

Côtoyant_ *Le/*
*Jujubier/ / /*

Le_ Peu_ d'Eau_
Est_
*L'Oasis/ / /*

Le_ Cercle_ du_
Temps_
*X_*
*L'Harmattan / / /*

Assis_ Au/ *Milieu_ de,*
*Nul_ Part...*

Méditant_ *des_*
*Sphères_ X,*
*Courbes/ / /*

*Je_ Dis_ qu'Un_*
*Instant_ Soit/ / /*

Puis_ Il_ Naît_
*X_*
*N'Est_ Plus/ / /*

## III/

D'Une_ *Goutte_*
*D'Eau_*
*Ou_ de Sperme/ / /*

*L'Homme_ Fut_ Créé/ / /*

X_ S'Enorgueilli

... Nul_ N'A_ Jamais
Vu_ *Dieu_*

*Dieu_* Est_ *Un,*
*Souvenir_*
*Du_ Temps/ / /*

Où_ Les Jardins_ *Étaient_*
*Accessibles/ / /*

Où_ Les Fleurs_ *N'Étaient_*
*Dangereuses/ / /*

Une_ Goutte d'Al_ Khôl_
*Est_ L'Indicible...*

*Ciblant_ Le_*
*Prestige_ de L'Art_*
*Par_ la Poésie/ / /*

*... d'Être_ Pauvre/ / /*

# IV/

J'Opte_ Pour_
La_
Calligraphie_

... Les Lettres_
*Qui_*
*Naissent_*
*Puis_ s'Eteignent_*
*Rapidement///*

En_ Corolles_
De Rosaces_
*De_*
*Noms_*
*Bénis///*

Pâmoison/s_ des Âmes_
En_ Quête_
*D'Eus_*
X_ Amoureuses///

Évocation_ du
Sabre_
Par_ La Poésie_

Du_ Tranchant_ X, *de La,*
*Courbe_*
*Des_*
*Sentiments///*

V/

Entre_ L'Amitié/s_
X_
L'Omettance///

La Transe_
Conquise_
*Par_*
*L'Instant_ Pieux///*

La_ Grâce_ de Vivre_
*X_*
*L'Ivresse_*
*Du_*
*Raisin/s///*

Il_ N'Y_ A,
*Point_ de Raisons_*
*Pour_*
*Ne_ Pas_ Vivre///*

Même_ dans La,
Glaise_ des
Saisons_ Closes///

Même_ Dans_ L'Altesse/
De_
La Corolle/ Rosacée/s///

VI/

Les_ Pétales_
S'Enflamment_ d'Aurore/s

Le_ Vertige/s_
Prend_
*Le_*
*Poète///*

L'Al_ Khôl_
Est_
*La Solution///*

Qui Rend_ *Ivre_*
*Sans_*
*Ivoire///*

Fleuri_ X, Brute_
L'Ébène_
Est_
*Cru///*

La_ Souffrance_ Est_
Sue_
X/ Méprisée///

La_ Gloire_ *Conquise_*
*D'Un_ Verre_*
*De_ Vin///*

X/ de Danser_
Même_
Cerné_ d'Un/ Tapis

Même_ Ivre_ d'Arabesques
*Closes_*
*X/ Esthétiques///*

VII/

Ce_ Lieu_ Est
Sacré///

*Il_ Y_ A, des
Choses_
Qui_ Ne se Font_
Pas///*

Le_ Grave_
Est_
A_
Venir///

L'Audace_
Est_
*Calligraphies///*

La_ Dignité_
Est_
Silence/s...

De_ L'Improvisation_
Verbale_
En_
Art/s_ Clos ///

... J'Enlève_
Mes_
Babouches///

J'Avertis_ Par_
Barbiche/s ///

Je_ Trace_
Un_
AlKaLoïde ///

*Interdit_ Par, La*
*Foi_*
*X/ Le Mélange/s / / /*


... ...

'AKA'


- FIN -

Mieux_ *Vaut_*
*L'Argot_*
Qu'Un Langage_
*Leste / / /*

Je_ Parle_ *Un,*
*Slang_*
De_ Gentilhomme

///

'AKA'

# Bio X Infos
## Bio/Contacts/Liens
## Infos/Bibliographie/s

L'Artiste_ *Doit_ Être,*
*Respecté_*
*Pour_ La Pratique_ de,*
*Son_ Art / / /*

'AKA'

*Il_ N'Y_ A* Pas_ de
Preuve_ de L'Art_
*En_ Dehors_ de*
*L'OEuvre / / /*

Par_ *Le Cisèlement_*
*L'Amour_ En, Est_*
*Digne / / /*

'AKA'

## Bio

AKA Louis est un Poète et Créateur de Dessins Artistiques, Auteur d'Opus Poétiques Littéraires, Audio et Visuels. AKA Louis publie régulièrement de nombreux ouvrages, parmi lesquels, des Recueils de Poésie, évocateurs, et rafraîchissants, ainsi que quelques Recueils d'Esquisses Couleur, accompagnés de Textes liés à des thèmes forts et inspirants.
Les Dessins Artistiques d'AKA Louis, sont des Créations qu'il nomme 'Esquisses Colorées', et qui se situent entre le Dessin et la Peinture...
Pour exprimer et partager, son goût d'une Vie Intérieure fleurie, et positive, AKA Louis utilise les Feutres à Alcool, Les Pinceaux, L'Encre de Chine, et toute une variété de pointes fines et biseau traçant la Beauté du Monde, et l'Originalité saisissante de l'Art de Vivre authentique.
Les OEuvres Graphiques d'AKA Louis tendent, en partie, à se diriger vers la Peinture sous une forme expressive et abstraite...
Le Nom de Plume d'AKA Louis, fait d'abord référence, par Jeu Phonétique, au vocabulaire Japonais, mais peut aussi s'interpréter selon une lecture originale de différentes Langues Orientales.

On y retrouve les Notions de 'Frère Ainé', d'émotions liées à la Couleur Rouge, à la Clarté et à la Lumière, ainsi qu'à l'Ivresse, à la Marge et au Plaisir de Vivre. AKA Louis est également Musicien et Lyriciste sous un autre nom d'Artiste, en tant qu'Auteur, Compositeur, et Interprète de nombreux Projets Musicaux.

# **Contact**

akalouis.plume@yahoo.fr

- Liens -

Twitter

@AKALouisPoete
https://twitter.com/AKALouisPoete

Facebook

https://www.facebook.com/akalouisecrivain/

YouTube

Chaîne :
AKA Louis/Poète x Illustrateur

Tumblr

http://akalouisecrivain.tumblr.com/

AKA Louis/*Silent N' Wise*

http://akalouis.silentnwise.com/
www.akalouisportfolio.silentnwise.com

# Ouvrages de l'Auteur
## (Liste Non-Exhaustive)

Les Axiomes Démasqués
*(Recueil de Textes et Nouvelles)* (2015)
(...)
Le Recueil D'Esquisses Colorées
*(63 Croquis Colorés et 7 Textes Poétiques)*
(2017)

(...)

The Colored Sketches Collection
*(63 Colored Sketches And 7 Poetic Texts)* (2017)

Derviche/s
*(Portraits d'Anachorètes en Peinture/s)*
(2018)

Dervish/es
*(Portraits of Anchorites in Sketche/s)*
(2018)

Le Frère
*(Salutations à Mes Frères en Ivresse/s)*
(2018)

Ô, Rose Noire d'Iran
*(Pèlerinage Vers L'Unité
Interne de La Beauté)*
(2019)

Vision/s
*(Éloge de L'Intuition Pure et de
La Vision Interne Sans Formes)* (2019)

Le Disciple de La Colombe
*(Une OEuvre Poétique En
Hommage à Malcolm X)* (2019)

La Proclamation du Raisin
*(Manifeste Poétique
d'Ivresse/s & de Délivrance)* (2019)

La Rose Andalouse
*(Patchwork de Poésie x de Culture/s)*
(2020)

La Coupe de Vin &
L'Arabisme
*(Ou La Voie Poétique
des Lettres & des Versets)*
(2020)

L'Origine du Martyr
*(Entre Le Mensonge & La Danse,
Sans Fin/s...)* (2020)

Masques & Géométrisme/s
*(Abstraction/s &, Parallélisme,
Entre L'Orient,
& L'Art Premier)* (2020)

## Audio x Vidéos
### (Opus Sonores x Visuels)

## Films Poétiques
### (s/ YouTube)

POEMes CRISToLIENs #1
*(Créteil, La Cité De L'Aube, Part 1 x 2)*

POEMes CRISToLIENs #2
*(Peinture Murale, Part 1 x 2)*

Un Poète...
*(Esquisses de Déclamation/s Poétique/s)*

Les Poèmes d'AKA – Série de Vidéos

ô, Rose Noire d'Iran/ *La Déclamation...*

Le Disciple de La Colombe
– *L'Éloge... (A Paraître...)*

La Coupe de Vin & L'Arabisme
*(Un Film d'Art & de Poésie)*
*(A Paraître...)*

# **Opus Audio**
## **(s/ Bandcamp)**

POEMes CRISToLIENs #1
Créteil, La Cité de L'Aube

POEMes CRISToLIENs #2
Peinture Murale
/Un Hommage Au Graffiti

Corolle/s

ô, Rose Noire d'Iran/ La Déclamation

Entre 2 Indes

# AKA Louis - Conseils de Lecture /1
## (Introduction x Aperçu)

Mes Meilleurs Ouvrages Sont mes Recueils de Poésie. Ce sont les seuls que Je Conseille, aux Lecteurs, désireux, de connaître ma Littérature. Les plus Notables sont, mes derniers Ouvrages, depuis 'Le Recueil d'Esquisses Colorées'. Les Ouvrages Antérieurs Sont Moins Réussis. 'Ivresse de l'Eau', qui évoque le Temps Originel, comme une bonne part de mes livres, de manière plus ou moins évidente, est un Livre intéressant, mais il contient des maladresses, tout comme 'Origine/s', qui reste un Ouvrage audacieux. Mes autres Travaux sont plus ambigus, en termes de valeur littéraire, et d'interpellation du lecteur, selon moi. 'Les Axiomes Démasqués', m'ont valu d'excellents commentaires, et critiques de lecteurs, captivés par sa narration, et sa singularité, mais sa syntaxe, et son esthétique formelle, reste pour ce qui me concerne, plutôt, inaboutie… C'est un livre, particulier, que J'ai écrit, pour régler, une dette, que J'avais envers la Vie… Je ne le conseille pas nécessairement, mais, il reste disponible à la lecture. 'Asymétrie Paradisiaque', et 'Ballade Anti/Philosophique', ne sont plus disponibles depuis le mois de Mars 2018…

AKA Louis,
Poète X Illustrateur.

# AKA Louis - Conseils de Lecture /2
## (Les Meilleurs Ouvrages)

Les ouvrages publiés à partir du 'Recueil d'Esquisses Colorées' seront a priori d'un intérêt littéraire plus solide que mes tout premiers travaux poétiques, mais aussi d'une maîtrise plus aboutie en termes de proposition littéraire. 'ô, Rose Noire d'Iran' est, dans le fond comme dans la forme, un de mes meilleurs projets. Voici, dans un ordre aléatoire, une liste de mes ouvrages les plus incontournables :

'Le Recueil d'Esquisses Colorées'
'Derviche/s'
'Le Frère'
'Ô, Rose Noire d'Iran'
'Vision/s'
'Le Disciple de La Colombe'
'La Proclamation du Raisin'
'La Coupe de Vin & L'Arabisme'
'L'Origine du Martyr'
'Masques & Géométrisme/s'

*Nos Ouvrages Publiés Depuis 2019,*
*Sont Les Meilleurs, Les Recueils de Dessins,*
*Mis à Part, Pour Les Opus Importants...*

*J'_ Ai_ Eu,*
Des_ Visions_

*Mais_ Je, Nai_ pas_
Cru_*
Aux_ Idoles...

Je_ Maîtrise_
Le_ Maniement_
Du_ Verbe_
Tel_
Le Sabre ///

'AKA'

*Rien_ N'Existe_ Après
L'Aurore/s_ X, Son_
Aube/s ///*

'AKA'

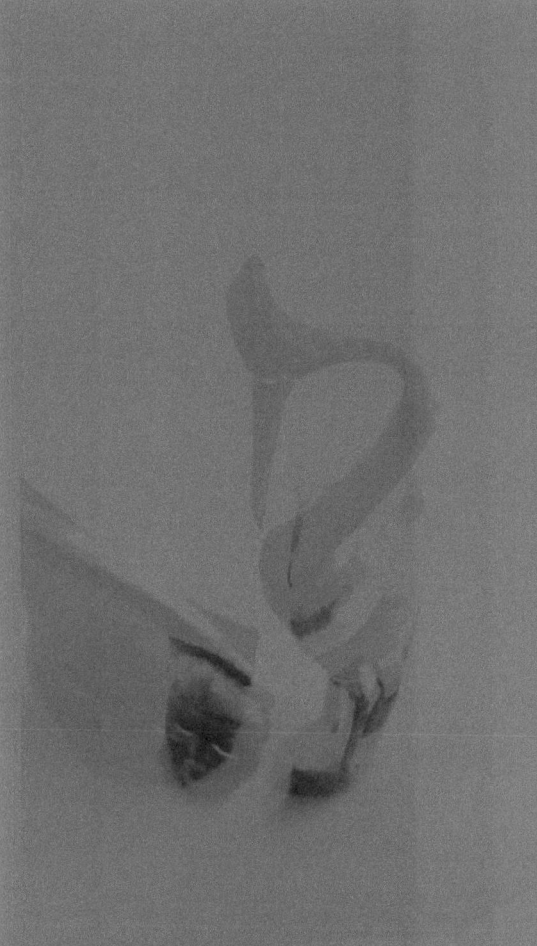

**AKA Louis**
Masques & Géométrisme/s

*Dieu_* N'Est pas *L'Homme_*
*X, L'Homme_* N'Est_ Pas, *Dieu_*

*Je Proclame,*
*Le_ Règne, de L'Âme_*

'AKA'